AF259878

LES PRÉTENTIONS

DES

D'ORLÉANS

PAR UN VIEUX LÉGITIMISTE

> L'opinion publique n'est bien souvent que l'opinion d'un étourdi, colportée par une foule de gens sérieux.
>
> Fais ce que dois, advienne que pourra.

PRIX: 50 Cent.

On peut se procurer cette brochure chez M. Thomas Evesque, Rue Martin, 2 A, au 1er étage.

MARSEILLE

—

1884

Typ. Blanc et Bernard, rue Sainte, 28 et 30.

Sommaire

—

Marseille. — Typ. Blanc et Bernard.

AVANT PROPOS

Si quelque lecteur est tenté de nous reprocher d'avoir donné notre opinion sous une forme trop acerbe, nous lui dirons qu'à nos yeux, on n'est pas l'ami dévoué d'un Prince, sans détester ses ennemis plus qu'il ne peut le faire lui-même.

Celui qui a éprouvé un dommage matériel ou moral peut pardonner : Mais ses amis bien loin d'être tenus de l'imiter, ont en quelque sorte un rôle de justicier à remplir, et ils doivent être sur certains points, plus royalistes que le Roi. D'ailleurs nous avons peu de goût pour l'euphémisme dont notre époque a par trop abusé !

Montesquieu a dit que l'**impunité des crimes est la cause de tous les relâchements dans une Société**, et notre grand poète Laprade s'est glorifié bien souvent devant nous, de l'horreur que lui inspiraient certains personnages politiques, dont les idées et les actes lui paraissaient à bon droit dangereux pour le salut du pays. Il disait :

> J'ai gardé, grâce à Dieu, la vertu de la haine,

nous aussi ! et dans le même sens que lui, bien entendu !

II

Question de préséance

Notre bien-aimé et malheureux Roi Henri V, était à peine mis dans son cercueil que nous avons vu surgir un grave conflit à propos du caractère à donner à ses funérailles ; Mme la Comtesse de Chambord, usant de son droit, et guidée par un sentiment très justifié, très Français, et très noble, obéissant d'ailleurs comme on l'a su depuis, à un ordre formel du Comte de Chambord, a exigé que la cérémonie eut un caractère privé, Elle a voulu que le deuil fut conduit par les Princes Bourbon, les plus proches parents du Roi, par ceux qui lui ayant été fidèles toute leur vie, auraient été prêts à tous les sacrifices dans l'intérêt de sa cause.

M. le Comte de Paris qui, après la fameuse entrevue de 1873, est resté dix ans sans revoir le Roi, dans une attitude si réservée ou si louche, que personne n'a pu savoir au juste quelle était la valeur intrinsèque de sa démarche de 1873, a tenu à prouver, sans aucune nécessité d'ailleurs, que son chagrin comme parent, ses remords comme héritier de Louis Philippe, devaient disparaître devant l'intérêt de ses prétentions à la succession, et sous couleur de la **dignité de la France**, il a jugé à propos avant la cérémonie de Goritz, de se retirer avec éclat, suivi volontairement ou par ordre, par tous les Princes d'Orléans.

Nous ferons remarquer en passant, que si ces Princes n'étaient venus à Frohsdorf qu'avec les sentiments honorables que devait leur inspirer la mort du Roi, ils auraient bien pû, d'accord avec leur chef, aller à Goritz, sans amoindrir en rien la protestation déplacée de M. le Comte de Paris. — En le suivant ils ont prouvé l'union qui existe entre eux, mais ils ont montré aussi quel était le vrai mobile de leur venue à ces funérailles. — Le cercueil du Roi n'a été à leurs yeux, qu'un escabeau pour se hisser sur le trône de France, et du moment que ce marchepied leur a manqué, ils n'ont plus songé qu'à protester et à s'en aller !

Nous bénissons Dieu de ce manque de cœur doublé d'une maladresse toute providentielle. Le manque de cœur a été tellement choquant, que parmi les fidèles amis du Roi, beaucoup ont spontanément comparé ces Princes, à ces vautours qui ne quittent leurs repaires que lorsqu'ils sont attirés par l'odeur d'un cadavre.

Quant à la maladresse, elle consiste à avoir affirmé hautement, comme une chose hors de discussion, leurs droits à la succession du Comte de Chambord, **Héritier légitime, Chef de la Maison de France, Droits incontestables,** tout cela ne pouvait manquer d'entraîner une foule d'honnêtes gens, très ignorants de la question, et empressés comme toujours, de se rallier à n'importe quelle solution leur présentant des chances de salut.

Mais la réflexion et quelques documents publiés

ont suffi pour faire voir le néant et le péril de ces audacieuses affirmations. On a commencé par s'étonner de cette espèce de *scie d'atelier*, les **Droits incontestables** qui se retrouvait partout dans les conversations et dans la presse, et en les étudiant il a bien fallu reconnaître qu'ils sont, non-seulement très contestables, mais qu'étant **nuls**, leur revendication est tout à fait dépourvue d'honnêteté. De là, une réaction très vive dans l'esprit des gens de bonne foi, qui ont tenu à voir clair dans la question.

C'est généralement ce qui arrive, quand on veut surprendre la bonne foi de ses auditeurs, et qu'on se dépêche de les étourdir par de retentissantes affirmations afin de les entraîner dans une voie où l'amour propre ne leur permettra plus de reculer.

Quoiqu'il en soit, pour faciliter le retour de ceux qui se sont engagés trop bénévolement à la suite des **Droits incontestables**, nous leur donnons plus loin quelques renseignements dont ils pourront tirer parti, s'ils ont véritablement le souci de la Justice et du droit.

III

Surprise et désarroi des Royalistes

La décision des Princes jeta dans l'effarement les Royalistes de tous les groupes. Disons-le tout de suite : un sentiment profond d'abnégation et de patriotisme s'empara de nos amis, et soit à Goritz, soit en France, la majorité s'inclina devant les prétentions du Comte de Paris. Beaucoup d'entre eux crurent devoir faire le sacrifice de leurs convictions personnelles, et se résignèrent à faire acte d'adhésion.

Il s'est passé alors exactement la même chose qu'après le coup d'Etat de Napoléon III. L'horreur de la République est telle, les craintes de l'avenir sont si poignantes, que nos amis croyant voir la France prête à descendre au cercueil, ne prirent pas la peine de réfléchir, et scindèrent par leur fâcheuse précipitation ce parti royaliste qu'Henri V avait reconstitué.

Nous voulons croire que l'adhésion des Charrette, Monti, Larochefoucault, Mun, et de tant d'autres, a été le plus douloureux des sacrifices. Mais encore une fois, où était l'urgence? Quelle nécessité de s'engager avant l'heure? Aviez-vous la certitude que le Comte de Paris fût l'héritier légitime? Aviez-vous qualité pour l'élever sur le pavois? Vous avait-il au moins communiqué un programme qui vous excusât d'aller si vite? Quelle garantie aviez-vous qu'il sera le continuateur des idées du Roi? Quel motif vous commandait une si étrange précipitation?

Les leçons de l'histoire seront-elles donc éternellement inutiles? De tous ces millions de Français qui ont acclamé Napoléon III comme un sauveur, l'envoyé de la Providence, le soutien de la Papauté, combien se frappent aujourd'hui la poitrine,

en songeant à ce que ce Prince a fait de la France
et de la Papauté ? Ceux-là cependant pouvaient invoquer l'urgence en 1851 !

Dans le cas actuel, on a invoqué la loi salique
voulant que le trône ne soit jamais vacant, et les
chefs légitimistes noyés dans un flot d'orléanistes,
entourés, circonvenus, ont presque proclamé Roi
M. le Comte de Paris ! La loi salique, voilà tout ce
qu'on a trouvé pour justifier cette injustifiable ma-
nœuvre qui nous paraît très proche parente de celle
avec laquelle on fit le septennat. Cette inquiétude,
ce souci de la loi salique est très bizarre de la part
des gens qui laissent fouler aux pieds, sans trop
s'en émouvoir, d'autres droits bien plus chers et
d'une importance autrement immédiate ! Peut-être
faut-il expliquer tout ce qui s'est passé par un accès
de cette maladie nouvelle, *la folie en commun*, dé-
couverte par un éminent docteur des hôpitaux de
Paris....

IV

Justifications
présentées par les Royalistes ralliés

Ceux de nos amis qui ont suivi les d'Orléans ont
essayé de justifier leurs agissements en disant : « Ac-
« tuellement, il n'y a pas d'autre solution possible.
« — Les d'Orléans sont après tout plus suppor-
« tables que les Grévy et Cie. — Croyez qu'il
« nous en coûte cruellement, mais il faut avoir le

« patriotisme d'étouffer ses sentiments personnels.
« — Henri V d'ailleurs a reconnu leurs droits. —
« Et puis, qui prendrait-on ? Un Bourbon d'Espa-
« gne ? Mais ce serait odieux ! Qui pourrait se
« courber sous le joug d'un étranger ? D'ailleurs,
« il n'y a pas à discuter, vous savez que la loi
« salique, les renonciations et le traité d'Utrecht
« tranchent la question en faveur des d'Orléans.
« Leurs droits sont **incontestables,** tout le monde
« est d'accord là-dessus, etc., etc. »

Ce *vox populi*, ce plébiscite des premiers jours,
a dû être bien doux au cœur des d'Orléans. Nous
prenons cependant la liberté d'en rire un peu, et
nous conseillons à ces Princes de ne pas trop s'y
fier. Barrabas n'eut certainement pas la simplicité
d'attribuer sa mise en liberté à la sympathie du
peuple juif, mais bien seulement à la haine de ce
même peuple pour Notre Seigneur Jésus-Christ.
Par analogie, si M. le Comte de Paris ne comprend
pas que l'adhésion épeurée de certains royalistes
et catholiques, n'est due qu'à leur haine de la République et à leurs singulières illusions sur ce qu'il
pourra tenter pour le salut du pays, il s'expose à
être prochainement détrompé.

V

Les Droits incontestables

Ce cri de ralliement est d'autant plus maladroit
que du vivant du Comte de Chambord, une foule de
légitimistes n'ont cessé de dire que l'héritier devait

être de par le Droit national, un prince issu du Duc d'Anjou, Philippe V. La *Gazette de France*, *La Quotidienne* et vingt autres journaux royalistes l'ont dit assez haut, en 1835, lorsque courut le bruit de la mort du Duc de Bordeaux. Donc les droits des d'Orléans sont contestés de longue date.

La meilleure preuve contre les **Droits incontestables** est produite par les Orléanistes eux-mêmes. Ils la fournissent involontairement en se réclamant du traité d'Utrecht et de la renonciation formelle de Philippe V. — En appuyant les droits de M. le Comte de Paris, sur la renonciation inscrite au traité d'Utrecht, ils établissent irréfragablement que **si elle n'existait pas il serait placé au dernier rang des héritiers,** et non au premier ou il s'est mis avec tant d'audace.

Toute la question est donc de savoir ce que dit et contient ce fameux traité d'Utrecht, et si nous établissons qu'il ne contient rien de plus que la renonciation à la possession simultanée des couronnes de France et d'Espagne, nous aurons partie gagnée.

Il n'y a pas un diplomate, un juriste, un historien, un simple citoyen de bonne foi, qui puisse contester que nos ennemis n'avaient aucun motif et encore moins l'intention d'empêcher la succession légitime en France. Leur seul et unique but était de limiter la puissance excessive de Louis XIV en empêchant à jamais la réunion des deux couronnes sur une même tête. On peut défier qui que ce soit de nier ce point capital.

Personne ne contestera que si Louis XIV et Philippe V avaient proposé d'inscrire dans le traité, que la renonciation de ce dernier tomberait de plein droit le jour ou Philippe V ou ses héritiers abdiqueraient en Espagne, cette clause eut été acceptée avec empressement puisqu'elle séparait encore mieux l'Espagne de la France.

Donc le traité d'Utrecht ne stipulait rien, soit contre notre droit national, soit en faveur des d'Orléans.

Pourquoi, dira-t-on, les Bourbons n'ont-ils pas demandé l'insertion de cette clause? Tout simplement parce que cela eut été douter aux yeux de l'Europe entière de la stabilité de la nouvelle dynastie Espagnole, faciliter de nouvelles intrigues pour son renversement, et préparer la destruction de l'œuvre accomplie dans l'intérêt de la France au prix de tant de sacrifices.

Ce silence était d'autant plus en situation que Louis XIV, avant la conclusion du traité, avait prévenu ses adversaires et notamment Lord Bolingbroke, par l'intermédiaire de notre ambassadeur M. de Torcy, que la renonciation de son petit-fils, qui était illégale, contraire à notre droit national, serait sans nulle valeur tant qu'elle ne serait pas consacrée par le vote des États-Généraux. On sait que Louis XIV ne céda jamais aux pressantes sollications de l'Ambassadeur Anglais, refusa la convocation des États-Généraux et se borna à faire enregistrer les renonciations par le Parlement, ce qui n'ajoutait rien et ne pouvait rien ajouter à leur valeur réelle.

Il est donc bien établi que tout ce luxe de formules, promesses, affirmations et serments qui constitue la renonciation de Philippe V dont se prévalent les d'Orléans, n'a jamais eu pour but dans la pensée de tous les signataires du traité, que d'empêcher la réunion des deux couronnes, et **jamais, dans aucun cas**, d'entraver ou de modifier notre vieux droit national en matière de succession royale.

Nous allons cependant pour compléter notre démonstration, donner divers renseignements empruntés à M. Laurentis, à la si remarquable brochure de M. J. du Bourg, *Le Droit Monarchique en 1883*, et à diverses sources autorisées :

Lorsque le bruit de la mort de Louis XV courut, en Espagne, pendant la maladie qu'il fit en 1728, Philippe V prit ses dispositions immédiates pour abdiquer en faveur de son fils, et rentrer en France comme successeur de Louis XV. Sur la nouvelle du rétablissement de ce dernier le projet fut naturellement abandonné, mais il établit clairement qu'elle était la signification véritable du traité d'Utrecth.

A l'époque de la triple alliance, lorsque le Régent suscitait de nouveaux embarras à Philippe V, le Duc de Saint-Simon, l'âme damnée du Régent, lui adressa une lettre restée célèbre par laquelle il lui reprochait sa politique maladroite, et lui disait que si elle avait pour résultat de détrôner le Roi d'Espagne et de l'amener à revendiquer ses droits en France, lui,

Saint-Simon, serait obligé par sa conscience de prendre parti pour Philippe V. Peut-il y avoir un témoignage plus autorisé que celui de ce Duc si connu par son attachement aux d'Orléans ?

A l'Assemblé constituante, en 1791, malgré toutes les intrigues des Orléanistes et de Philippe-Egalité, après de longues et violentes discussions à propos de l'hérédité dans la famille Royale, la droite fit insérer la réserve : *Sans rien préjuger des revendications de la ligne d'Anjou.*

Les Mémoires du Prince de Polignac, corroborés par ceux de M. Guizot, établissent de la façon la plus éclatante que Louis-Philippe lui-même, avant comme après 1830, reconnaissait qu'en cas de mort du Duc de Bordeaux, si l'héritier légitime de Philippe V cessait d'être Roi en Espagne, il deviendrait de droit le successeur du Duc de Bordeaux au détriment de ses fils, les Princes d'Orléans !

Quel témoignage serait plus écrasant que celui-là, contre les étranges **Droits incontestables** dont on cherche à nous assourdir ?

En 1846, à propos du mariage du Duc de Montpensier avec une princesse Espagnole, le Gouvernement de Louis-Philippe fit publier par M. Charles Giraud, jurisconsulte éminent, une brochure qui fut traduite en plusieurs langues, répandue à profusion dans toute l'Europe et établissant que le traité d'Utrecht ne contenait et ne pouvait contenir que l'interdiction du cumul des deux couronnes ; la conclusion de cette consultation est que les renonciations sont personnelles, ne peuvent engager les héritiers, et que d'ailleurs elles sont d'une inefficacité absolue, sauf en ce qui concerne le **cumul**.

Le néant de ces renonciations est tellement évident que le Duc de Montpensier est aujourd'hui Infant d'Espagne avec rang déterminé pour la succession en Espagne !

Faut-il relever cette singulière raison donnée par M. le baron Tristan Lambert que l'Almanach de Gotha de 1825 mentionne les Princes d'Orléans comme héritiers éventuels, et ne dit pas un mot des Bourbons issus de Philippe V ?

D'abord l'Almanach de Gotha ne fait pas loi et ne peut prévaloir contre notre droit national. Ensuite de **hautes raisons de politique intérieure et extérieure** ont dû déterminer le gouvernement de Charles X à laisser croire que les d'Orléans seraient les successeurs éventuels du Duc de Bordeaux, au détriment des Bourbons d'Espagne. La Restauration n'avait que quelques années d'existence, et n'avait pas besoin d'exciter les susceptibilités politiques de nos voisins, en soulevant, prématurément, sans nécessité aucune, la question des droits de la race de Philippe V.

Dans tous les cas, on peut être sûr que si Charles X, par un retour offensif, était rentré à Paris quelques jours après les *Glorieuses*, le *Gotha* de 1831 n'aurait certes pas mentionné comme héritiers éventuels les d'Orléans qui auraient été bel et bien forclos à toujours comme ils le méritaient !

Voilà, si nous ne nous trompons les fameux **Droits incontestables** réduits à néant. Nous ajouterons cependant encore une observation : Comment des Princes français ont-ils pu permettre que leurs revendications fussent échafaudées sur un traité si douloureux pour nous ? Leur cœur est-il fermé à certains sentiments de délicatesse politique ?

Si demain la France trouvait l'occasion de reprendre pacifiquement l'Alsace et la Lorraine, trouverait-on une seule ville de notre frontière actuelle de l'Est, qui voulut s'y opposer en vertu du traité de Francfort, parce que cela lui ferait perdre les bénéfices attachés à la présence des garnisons qui seraient replacées à Metz, Strasbourg, Colmar, etc.? Evidemment non. Eh bien ! ce qu'aucune municipalité n'oserait faire les d'Orléans l'ont fait ? Le caractère dominant de cette famille est de vouloir ce qui ne lui appartient pas ; pour s'en convaincre on n'a qu'à étudier attentivement les actes politiques du Régent, de Philippe-Egalité, de Louis-Philippe et du Comte de Paris.

En fait de **Droits incontestables** nous ne reconnaissons aux d'Orléans que ceux qu'ils ont à la répulsion des honnêtes gens.

VI

Légitimité et Indignité

Nous croyons avoir prouvé dans le chapitre précédent que les droits des d'Orléans sont absolument nuls aux yeux des gens qui connaissent leur histoire et se piquent de ne juger que selon la justice. — Mais cela ne nous suffit pas, et il nous plaît après avoir examiné la question au point de vue du droit, de la reprendre au point de vue de la morale et de l'honneur du pays.

La légitimité à notre avis n'est pas un **but,** mais simplement **un moyen** pour assurer la stabilité de nos institutions, l'esprit de suite dans notre politique, la tranquillité du pays, sa moralisation, en un mot, pour conduire la France dans la voie que la Providence semble lui avoir tracée, en en faisant une nation catholique et monarchique.

Quand ce **moyen** devient manifestement audessous de sa tâche, il est certainement permis au plus scrupuleux des légitimistes de demander que ce principe subisse les modifications ou plutôt les interprétations qui, sans l'amoindrir en rien, peuvent au contraire lui donner plus de force et de vigueur.

Tout le monde admettra que si l'héritier du trône était atteint d'une maladie incurable héréditaire comme la lèpre, la folie, etc., s'il était engagé dans les ordres, s'il était protestant, juif ou musulman, s'il était marié à une drôlesse, etc., etc., il serait purement et simplement écarté pour que la couronne passât au Prince dont le rang vient après le sien. Evidemment personne ne songerait à regarder cette exclusion comme une atteinte au principe de la légitimité, mais bien au contraire comme une consécration des fins pour lesquelles elle a été instituée.

Eh bien, nous demandons formellement que l'**indignité invétérée** soit aussi une clause d'exclusion. Nous demandons que la branche des d'Orléans soit exclue non seulement parce qu'elle n'a aucun droit à la succession, mais encore et **surtout** parce qu'elle est atteinte d'**indignité héréditaire**, et indigne de monter sur le trône de France.

Il devrait être inutile de faire cette démonstration — nous la ferons cependant pour ceux qui ne connaissent pas l'histoire moderne, ou qui, hélas ! l'oublient toutes les fois qu'ils croient avoir intérêt à le faire.

VII

Les d'Orléans

Laissons de côté le Régent et les soupçons dont il a été l'objet à propos des morts inexpliquées survenues dans la famille de Louis XIV. Ce n'est pas sur des soupçons qu'il faut baser son jugement, mais sur des faits indiscutables.

S'il y a un fait indiscutable, c'est le vote de Philippe-Égalité qui, par ambition et par haine de la famille royale, a voté et fait voter par ses amis la mort de Louis XVI, son parent. Il s'est donc souillé d'un crime abominable, avec cette circonstance aggravante qu'il était sans excuse, et que son vote a eu pour conséquence, non seulement la mort du Roi, mais encore celles de Marie-Antoinette, de madame Royale et de Louis XVII.

Nous défions tout honnête homme, quel que soit son opinion politique, qu'il soit érudit ou illettré, de haute naissance ou de la plus obscure condition, de lire les détails concernant la captivité et la mort de ces nobles victimes, notamment le livre de M. de Beauchène, sans éprouver la plus violente horreur, la haine la plus profonde contre les misérables scélérats qui ont commis de pareils crimes!

Et si parmi ces scélérats, il y en a un qui doive être plus spécialement marqué du fer rouge de l'exécration universelle, c'est bien ce Philippe d'Orléans qui, par sa naissance, sa situation, son intelligence, était plus à même qu'aucun de ses collègues de comprendre l'infamie de son action! C'est bien ce Prince qui, plus tard, pour sauver sa tête de l'échafaud, prétendait être le fils d'un laquais de son père!! (1).

La justice de Dieu a permis qu'une honte ineffaçable soit attachée à ce mot **Régicide**, et malgré près d'un siècle écoulé, les familles vraiment royalistes refusent toute alliance avec des descendants de régicide, quelque puissent être d'ailleurs leurs qualités personnelles. — Nous avons vu dernièrement un mariage des plus assortis rompu à la dernière heure, parce que le futur fut reconnu arrière petit-fils de Régicide.

(1) *Éphémérides révolutionnaires*, par Charles Garnier, 6 novembre.

Eh bien ! qu'a fait Louis-Philippe pour essayer de laver cette tache ineffaçable et de réparer dans la mesure du possible le mal fait par son père ? Il a conspiré sous la Restauration contre cette famille royale qui, non seulement lui avait rendu tous les biens confisqués par la Révolution, mais encore lui avait fait de nouvelles donations, et, en 1830, après avoir renversé son cousin Charles X, il a pris sa couronne sans nul souci de la loi salique, qui la donnait au duc d'Angoulême et, à son défaut, au duc de Bordeaux.

Si on condamne aux travaux forcés, en le qualifiant de voleur, le misérable qui de nuit, par effraction ou escalade, au risque de sa vie, va piller l'habitation d'un riche bourgeois, qui n'en sera pas ruiné pour cela, l'opinion publique n'a-t-elle pas le droit de flétrir de la plus sanglante épithète le prince qui, sans aucun risque pour sa précieuse personne, donna la mesure de sa reconnaissance en commettant un acte pareil au préjudice d'un enfant de dix ans, son parent, et le fils du duc de Berry, dont l'assassinat est resté inexplicable ?

On comprend que l'honnête personnage dont il s'agit ait pu être soupçonné très vivement de ne pas être étranger au soi-disant suicide du duc de Bourbon-Condé. — Ce Prince avait fait, avant 1830, son testament en faveur du duc d'Aumale : après le renversement de Charles X, il manifesta l'intention de le refaire en faveur du duc de Bordeaux. Quelques jours après, on le trouva pendu à l'espagnolette de la croisée de son salon. Il en résulta que la fortune du vieux Duc, évaluée à 80 millions, passa sur la tête du duc d'Aumale, moins la part que le testament attribuait à la baronne de Feuchères, horriblement compromise dans cette lamentable affaire.

Si notre mémoire ne nous fait pas défaut, l'opinion publique demanda vainement une enquête sérieuse sur ce suicide ridiculement invraisemblable, et la Baronne de Feuchères resta dans les meilleurs termes avec toute la famille d'Orléans, pendant plusieurs années du moins. Ce que nous pouvons affirmer c'est qu'un officier des Gardes, démissionnaire après 1830, qui connaissait personnellement le vieux Duc, nous a donné sur cette mort étrange des détails qui excluent toute **possibilité** de suicide.

Faut-il pour clore la série, rappeler Blaye où fut enfermée Madame la Duchesse de Berry, avec l'intention que l'on sait ? Nous n'hésitons pas à dire que celui qui a inspiré ou permis quelque chose de si lâche et de si vil, a mis sur son nom et sur sa race, une tache encore plus abominable que les autres. Certainement Cartouche en eut été incapable, car ce bandit célèbre a prouvé plusieurs fois qu'il avait le sentiment des égards dûs à une femme.

Passons au père du Comte de Paris ; il débuta mal : Par la faveur de Charles X, il était, à 20 ans, colonel du 1er hussards, et, comme tel, il avait prêté le serment de fidélité. Il n'eut rien de plus pressé cependant, pendant les *glorieuses-journées* de 1830, que de donner à son régiment la cocarde tricolore et de le conduire à Paris pour appuyer la Révolution. Qu'elle différence y a-t-il entre ce manquement à sa parole et celui du général Thibaudin ? Aucune ; il y en a une cependant, le général a failli à son serment vis-à-vis de l'ennemi, et le jeune colonel a failli au sien vis-à-vis de son Roi, de son parent et de son protecteur.

M. le Comte de Paris n'a pas à son actif des actes comme ceux que nous venons de flétrir, mais il est, nous le répétons, d'une race indigne, et il ne suffit pas d'être un honnête homme dans la vie privée pour se refaire un sang nouveau digne de monter sur le trône de France. Nous verrons d'ailleurs plus loin le caractère de cette honnêteté.

Nous entendons dire à ses partisans : « On n'est « pas responsable des crimes et des méfaits de « ses ancêtres ; les fautes sont personnelles après « tout ! »

Expliquez-nous donc pourquoi à propos d'une pomme, nous sommes si dûrement punis de la faute de nos premiers parents ? Pourquoi toute la nation juive a été maudite parce que quelques milliers d'habitants de Jérusalem ont crucifié N.-S. Jésus-Christ ?

Oui, les fautes des ascendants sont personnelles, mais seulement quand on n'en garde pas le profit ou qu'on a **fait l'impossible** pour les réparer.

Quelles sont donc les réparations que M. le Comte de Paris a essayées vis-à-vis de la branche ainée en la personne d'Henri V ?

Quand il a pû comprendre que la Monarchie ne se ferait que sur la tête de ce prince, il s'est décidé à aller le voir, il y a 10 ans, et lui a adressé officiellement quelques mots pesés, étudiés, froids comme glace, pour lui dire qu'il reconnaissait son droit au trône, et qu'il ne serait jamais, pas plus que les siens, son compétiteur... et c'est tout ! ! !

Ayant ainsi pris pied dans le camps des légitimistes, sans lâcher d'un cran celui des orléanistes, il a pensé qu'il en avait assez fait pour son honneur et pour le salut de la France. Il a passé dix longues années qui ont paru à bien des gens, longues comme des siècles, sans prêter au Roi le moindre concours. **Pas un mot, pas un geste, pas un acte qui put être interprêté comme une adhésion à son programme !** Non seulement il n'a rien fait, ni voulu faire, mais il a laissé ses partisans intriguer tout à leur aise pour barrer la route au Comte de Chambord, et jamais il ne leur a infligé un mot de désaveu. Voilà le Prince dont on vient nous vanter la vertu, l'honnêteté, l'esprit religieux ! Evidemment il y a diverses manières de comprendre le commandement de Dieu :

> Le bien d'autrui tu ne prendras
> Ni retiendras injustement.

Qui contestera que s'il avait eu le plus vulgaire sentiment des réparations et des expiations indispensables, s'il avait fait son devoir à la Française et non à l'Allemande, s'il avait dissipé les doutes derrière lesquels il s'est abrité, il eut pû, à l'extrême rigueur, se faire pardonner son origine et bénéficier de la grande générosité des légitimistes, car ces derniers, par une action diplomatique bien conduite, étaient en mesure d'obtenir de tous les Princes issus de Philippe V, les renonciations valables, efficaces, légales qui l'auraient fait le légitime successeur d'Henri V.

Mais il n'y peut plus prétendre ! Quand on est héritier d'un passé comme celui des d'Orléans et qu'on éprouve le besoin de l'échanger contre le droit de succéder à la branche aînée, on doit trouver dans son cœur d'autres inspirations ! Aussi sommes-nous littéralement ahuri de cette phrase digne d'un général d'Hippodrome qu'il aurait adressée, dit-on, au vaillant Charette à Frosdhorf :

« Il vient toujours au moment où les hommes de « cœur se rencontrent ; général, je compte sur « vous ! »

Nous croyons en avoir assez dit pour justifier notre demande d'exclusion de M. le Comte de Paris et de tous les d'Orléans, car ce qui est opposable à ce Prince l'est également à tous les siens. Ses oncles, son frère, ses cousins, tous, sans exception, ont suivi sa voie.

VIII

Qui faut-il donc appeler au trône ?

Nous répondrons sans hésiter, celui des Bourbons de la descendance de Louis XIV et de Philippe V, qui est le plus proche parent et le premier héritier par droit de primogéniture, de notre Roi Henri V, c'est-à-dire un des Bourbons d'Espagne.

Nous connaissons suffisamment nos compatriotes pour nous imaginer les exclamations, imprécations et quolibets de beaucoup d'entr'eux. Le moins qui puisse nous arriver c'est d'être accusé de chercher une scission.

Cette scission existe, et il est inutile de la cacher, d'autant plus qu'elle est destinée très probablement à s'accentuer chaque jour. Quant aux railleurs qui croient trancher la question en disant allègrement que des Princes étrangers ne peuvent pas règner en France, nous répondrons ceci :

Si tous les d'Orléans venaient à disparaître subitement, dans quelle famille iriez-vous prendre le Roi ? Ce ne serait certainement pas dans celles qui règnent en Prusse, en Italie, en Angleterre, etc., mais **uniquement** parmi ces Bourbons, issus de Philippe V, que vous appelez des *Étrangers*.

La loi salique qui régit la France depuis un millier d'années, et l'Espagne depuis deux siècles, reconnait que le fait d'avoir régné sur un peuple voisin, n'est en rien une clause d'exclusion, quand à la succession.

En voici quelques exemples :

Charles III d'Espagne, arrière-petit-fils de Louis XIV, avait régné plusieurs années à Naples, de 1735 à 1759, ce qui ne l'empêcha nullement de redevenir prince Espagnol, et de succéder à Madrid, à Ferdinand VI.

Henri IV qui régnait en Navarre, à la mort d'Henri III, et qui était bel et bien un étranger (quoique vassal de la France pour certains apanages, fiefs ou domaines), n'avait pas perdu pour cela sa qualité de Bourbon, et sa capacité à recueillir la succession. Les Royalistes d'alors surent faire plier leurs répugnances ou leurs préjugés devant le droit national.

Quand Henri III régnait en Pologne, il était Polonais, Prince étranger, cela ne l'a nullement empêché de se retrouver Français à la mort de Charles IX et de lui succéder.

Napoléon Ier s'était approprié la loi salique. Si sa dynastie avait pris racine en France, et qu'il fut mort sans enfants, ses frères Joseph, Louis, Jérome, Rois d'Espagne, Hollande, Westphalie, par conséquent Princes étrangers, ne lui auraient-ils pas légitimement succédé ? Napoléon III fils du Roi de Hollande, Hollandais lui-même, était-il un Prince étranger ?

Demandez aux Italiens si le Duc d'Aoste, ex-Roi d'Espagne, n'est pas un héritier éventuel du Roi Humbert ?

Pourquoi cela ? Parce que, avec ou sans la loi salique, il a toujours été entendu et compris que le fait d'avoir régné sur une nation étrangère ne détruit pas la capacité à la succession dans le pays d'origine, attendu que ce privilège en assurant la transmission du pouvoir dans la même famille est au fond un très grand avantage pour la nation.

Nous comparerions volontiers la situation de ces Princes dits **étrangers**, à celle de nos Amiraux et Généraux, nommés Ambassadeurs à Londres, Vienne, etc. Ils deviennent pendant de longues années des diplomates, des hommes de paix, ce qui ne les empêche nullement de retrouver leur situation d'hommes de guerre, le jour ou ils quittent leurs ambassades. L'armée les regarde-t-elle comme des **étrangers** ? Nullement, parce qu'elle comprend très bien que ces chefs ont servi leur pays sur deux terrains différents.

Les Bourbons qui ont régné sur nos voisins, ont aussi servi la France, en occupant des trônes qui fauraient pu être donnés à de véritables étrangers, ort peu soucieux de nos intérêts, ou même nos ennemis déclarés. Les liens de famille étaient une garantie de paix, et une force de plus pour la France. La diplomatie européenne le comprenait bien ainsi, et le pacte de famille conclu entre les quatres branches de la Maison de Bourbon, n'était pas sans l'inquiéter.

En résumé, les Français peuvent et doivent prendre pour Roi légitime, le Bourbon d'Espagne à qui revient la couronne d'après notre loi salique parce que :

1° Les renonciations sont absolument nulles devant l'histoire, le droit et les faits ;

2° Le traité d'Utrecht n'a eu pour but que d'empêcher la réunion des deux couronnes.

3° Le Prince Bourbon qui rentre en France est aussi Français que personne ;

IX
A qui revient la couronne ?

Elle revient dans l'ordre suivant :

A Don Juan de Bourbon.

A Don Carlos, Duc de Madrid, son fils.

A Don Jaime, fils de Don Carlos et de la nièce d'Henri V.

A Don Alphonse, frère de Don Carlos, etc., etc.,

Don Juan a abdiqué et veut vivre en simple particulier.

Don Carlos ne prétend qu'au trône d'Espagne qui lui appartient légitimement. Et à celui-là seulement.

La couronne revient donc à son fils Don Jaime, qui est le plus Bourbon de tous les Princes, car il se trouve avoir dans les veines le sang des trois branches, France, Espagne et Parme.

A son défaut, la couronne revient au frère de Don Carlos, Don Alphonse, marié à une princesse de Bragance.

Voilà le Droit : le Droit devant lequel toutes les objections secondaires doivent tomber ; mais Don

Jaime a 12 ans ! Mais c'est une Régence ! Mais Don Alphonse n'a pas d'enfants ! etc. Dans quelques années, Don Jaime sera majeur ; si la Régence est exercée par Mme la Duchesse de Madrid, nous aurons toutes les garanties que donnent le cœur et l'intelligence de cette princesse si française. Si Don Alphonse n'a pas d'enfants, qui vous dit qu'il n'en aura pas plus tard ? Louis XIV n'est-il pas né la 22ᵉ année du mariage de Louis XIII ? Il ne s'agit pas de tout prévoir et il faut laisser quelque chose à faire à la Providence ; l'essentiel est de rester fidèle au droit, surtout quand cette fidélité doit placer la couronne sur la tête de Princes, dont les sentiments, l'éducation et les traditions nous apportent toutes les meilleures garanties.

Ne sont-ils pas de vrais catholiques, anti-voltairiens, anti-révolutionnaires, anti-francs-maçons ? Peut-on soupçonner chez eux une tendresse exagérée pour ce libéralisme naïf et ce parlementarisme bête, qui sont les principales causes de notre déplorable abaissement. Les Bourbons d'Espagne ont la tradition saine de l'autorité et c'est celle qui nous manque le plus.

On nous a dit : « Cette solution est sans doute la « plus vraie et la plus juste, mais elle est trop diffi« cile, parce que le gros du public n'est pas très « accessible à certaines considérations, et il préfèrera « un prince Français, qui se donne à tort ou à rai« son comme l'héritier, à un prince étranger qui « lui est peu connu. »

Prince Etranger! Voilà la grande horreur ! !
Cette pudeur patriotique nous fait sourire, quand
nous nous souvenons que les armées françaises,
commandées par des princes étrangers, ont rem-
porté d'assez belles victoires, entre autres celles
d'Almanza, en 1707, et celle de Fontenoy, en 1745.
Le maréchal de Berwick était de la race des Stuart,
et Maurice de Saxe était le fils de l'Électeur de
Saxe, qui fut plus tard roi de Pologne. La France
a-t-elle eu à regretter d'avoir confié ses destinées,
sur les champs de bataille, à ces bâtards de deux
Souverains étrangers ?

D'ailleurs, consolez-vous, ô bons Français, plus
épris d'une fausse légalité que du droit véritable,
vous auriez toujours la ressource d'offrir à ce Prince
étranger des lettres de naturalisation, comme à un
simple Gambetta, Spuller, Wadington, etc... Il aurait peut-être la politesse de les accepter sans écla-
ter de rire !

Ne dites donc jamais en France : « c'est impossible » ou « c'est trop difficile ». S'il y a un pays ou
tout soit possible, c'est bien celui où M. Grévy a été
possible; et ou Ferry, Bert, le Prince Jérôme, le se-
ront demain. Nous ne pouvons pas nous attarder à
faire le résumé de l'histoire de ces cent dernières
années, mais on n'a qu'à compter la quantité de gou-
vernements qui se sont succédés, depuis un siècle,
pour reconnaître que tout est faisable dans notre pays.
Henri V aussi était impossible, au dire de beaucoup de gens ! Qui oserait le soutenir aujourd'hui ?

X

La consécration donnée à Frohsdorf

La seule objection qu'on puisse nous faire est tirée de la réconciliation des deux branches, de l'accueil bienveillant fait à Frohsdorf au Comte de Paris, dont on a voulu faire une sorte de consécration, d'investiture, et du mouvement d'opinion qui s'est produit en sa faveur chez beaucoup de royalistes, et même chez quelques amis personnels du Roi.

Quand les Rois pardonnent à leurs plus cruels ennemis et à leurs assassins, c'est un noble exemple qu'ils donnent à l'espèce humaine : Louis XVI, Marie-Antoinette, Madame Elisabeth, la Duchesse d'Angoulême pardonnant à leurs bourreaux, et le Duc de Berry, pardonnant à Louvel, sont héroïques ; mais leur pardon ne pouvait empêcher la France d'exécrer ces bourreaux et de guillotiner cet assassin. La Société est tenue de se défendre, et elle ne peut être astreinte à des générosités, à des élans de magnanimité qui, dans le cas présent, équivaudraient à l'absolution pure et simple des crimes et des méfaits des d'Orléans.

En oubliant systématiquement le triste passé de ces princes, sans qu'aucune expiation quelconque ait été faite, elle autoriserait à dire que les membres de sa famille royale peuvent descendre au dernier degré de l'échelle, et, à première occasion, monter personnellement, ou par leurs enfants, sur le trône de France, sans que cela l'affecte le moins du monde.

A ce propos, nous ne pouvons nous empêcher de faire remarquer combien il a été choquant de voir un certain nombre de gentilshommes royalistes, chefs connus du parti et fidèles serviteurs du Roi, disposer de la France comme d'une pupille et la donner au Comte de Paris, eux qui, bien certainement, ne lui auraient jamais accordé la main de leur fille, à cause de la tache du Régicide. — Pourquoi avez-vous deux poids et deux mesures ? Nous ne pouvons pas concevoir une famille royale avec des tares qui la mettraient au-dessous de vos propres familles. Est-ce que la France ne vaut pas Mademoiselle de X..., Mademoiselle de Z..., etc ?

Encore une fois, les actes de M. le Comte de Chambord, en matière de succession, ne peuvent engager notre pays, qui a certes bien le droit de rester seul juge de ce qu'il y a lieu de faire pour suivre la loi salique, et donner satisfaction à la conscience nationale.

Qu'a fait la France pour dégager sa solidarité des horreurs de 93 et du crime de 1830 ? **Rien, absolument Rien !** Pour la première fois, l'occasion se présente de protester contre ces infamies, et elle ne le ferait pas ? Elle n'aurait pas le droit de le faire ? Ce serait révoltant.... à moins que ce ne soit simplement une preuve de cet énervement, de cette lâcheté morale, qui nous pousse à accepter la première solution venue, pourvu qu'elle soit, pendant quelques jours, une protection suffisante pour nos personnes, nos affaires, nos revenus et nos plaisirs.

Il y a, dans tous les cas, une chose qui est inexplicable. Pourquoi le Roi, qui savait le ressentiment profond contre les d'Orléans resté malgré tout dans le cœur des légitimistes, n'a-t-il pas écrit une seule ligne officielle pour demander aux Royalistes de fouler aux pieds tous ces amers souvenirs ? Comment s'étant expliqué si carrément sur une foule de questions, a-t-il gardé sur la plus grave de toutes un silence absolu ?

Nous ne voyons qu'une explication plausible. Le Roi s'est dit, sans doute, que le peuple qui avait eu assez peu de conscience de ses propres intérêts, pour le laisser frapper inutilement, pendant 53 ans, à la porte de la France, était usé, à bout de vitalité, incapable de toute résolution virile, et incapable par conséquent d'aller chercher l'héritier légal, là où il est sûrement, c'est-à-dire dans la ligne d'Anjou.

Il a traité la France comme le médecin traite le moribond, aux caprices duquel il accède parce qu'il sait qu'il ne peut pas s'en tirer, et il a accueilli les d'Orléans, de manière à nous laisser libres d'agir comme nous l'entendrions.

Si telle a été sa pensée, elle n'est pas à notre honneur ! Mais qui nous oblige à lui donner une sanction ? Cet ordre formel du Roi de conserver à ses funérailles un caractère de famille, donnant forcément la préséance aux Bourbons d'Espagne, n'est-il pas pour nous un indice très sérieux et ne devons-nous pas en conclure que, sachant fort bien ce qui arriverait après sa mort, il a entendu réserver expressément les droits formels de la race de Philippe V.

Remarquez bien que si Henri V avait cru aux droits des d'Orléans, il n'aurait certes pas manqué de le dire hautement et clairement, en face de tous ses parents et fidèles serviteurs, afin d'empêcher la divison des Royalistes. **Son amour si profond pour la France lui en faisait une obligation suprême.** On ne peut pas dire qu'il a été surpris par la mort; et qu'il n'a pas eu le temps d'agir ainsi. Non, le Prince s'est vu mourir, il a eu sa pleine connaissance jusqu'à son dernier soupir, il a mis ordre à toutes ses affaires, et s'il n'a pas reconnu officiellement M. le Comte de Paris **c'est qu'il ne le pouvait pas. Sa conscience et sa connaissance de notre droit national lui interdisaient de le faire!**

Qu'on ne vienne donc plus nous parler de ces étreintes de la dernière heure, qui ne sont que l'expression de sa générosité royale, et peut-être une prière, une supplication muette à l'adresse du Comte de Paris, pour qu'il s'inspire des vraies doctrines monarchiques, si la Providence venait à tolérer cette troisième usurpation. Et surtout qu'on ne vienne pas nous dire que c'est Madame la Comtesse de Chambord qui a donné l'ordre en question. — Ce serait un outrage à la Reine et il serait impardonnable de la part des Royalistes qui savent quel respect , quel dévouement, quel culte avait cette malheureuse princesse pour les volontés du Roi.

XI

Ecœurement

S'il y a une chose qui soit faite pour donner des nausées, c'est bien le spectacle que nous offrent les prétentions des d'Orléans.

Ces princes voyant leur parti fondu, sans aucune chance de faire échec à la légitimité, ont commencé leur évolution après nos désastres, et leur conversion a été assez habilement conduite pour qu'ils pussent faire voter par les Royalistes de la Chambre, la restitution des biens confisqués par Napoléon III, une quarantaine de millions, si nous avons bonne mémoire, ce qui n'était pas précisément une obole au moment où la France se saignait à blanc pour payer sa rançon.....

Plus tard le mouvement légitimiste devenant de plus en plus sensible, ils se sont décidés à faire la fusion de 1873, et ils ont si bien louvoyé qu'on n'a jamais sû, **pendant dix ans,** pas plus qu'aujourd'hui, s'ils seraient les tenants de la Révolution et du Drapeau **chéri,** ou ceux de la vraie Monarchie et du Drapeau blanc fleurdelysé. Cet état-civil de chauve-souris suffisait aux exigences de la situation jusqu'à la mort du Roi, mais à ce moment il a fallu prendre position, et ces Princes n'ont rien trouvé de plus fort que de se présenter au premier rang en se **réclamant de la légitimité** que leur confère la loi salique ! Le Comte de Paris s'est décerné le titre et le rang de **chef de la Maison de France !**

Comment ! vous avez été **les seuls** dans la race capétienne qui a 900 ans d'existence, à briser le principe tutélaire de la légitimité, vous l'avez brisé **deux fois,** en la personne de Charles X, et, ce qui est bien plus odieux encore, dans celle d'Henri V, et vous avez le front, aujourd'hui, d'invoquer le droit salique ?

Sous la Royauté de juillet et pendant l'Empire vous avez été les tenants de la Royauté émeutière parce que le retour de l'autre vous paraissait impossible, aujourd'hui que les circonstances sont toutes différentes, vous osez vous appuyer sur une loi que vous avez indignement foulée aux pieds **par deux fois,** pour satisfaire vos ambitions malsaines et vos cupidités !

Eh bien, nous trouvons cela monstrueux et nous vous enfermerons dans ce dilemme ?

Ou vous approuviez 1830, qui a été la négation éclatante du droit salique, et la plus vulgaire pudeur vous défend de parler de vos droits ?

Ou vous étiez pour la vieille Royauté traditionnelle, et nous vous demanderons alors, ce que vous avez fait les uns ou les autres, pendant 53 ans pour lui venir en aide ?

Non ! un d'Orléans quelconque ne peut pas devenir le chef de la Maison de France parce qu'on ne peut pas devenir le chef d'une Maison qu'on a chassée, dépouillée et envoyée en exil.

Non ! un rameau qui, en 1830, s'est détaché si criminellement de l'arbre de la vieille Monarchie, qui a toujours travaillé contre lui, élevant Maison contre Maison, Drapeau contre Drapeau, Droit populaire contre Droit royal, ne peut pas se réclamer aujourd'hui de cette Monarchie et de sa loi salique, parce qu'il a organisé, il y a dix ans, cette plaisanterie qu'on a appelée la fusion et dont personne n'a été dupe parmi les Royalistes clairvoyants.

Est-ce que le Code permet à un meurtrier ou à un voleur d'hériter de sa victime ?

Pourquoi une race hériterait-elle d'une autre race contre laquelle elle s'est acharnée depuis bientôt cent ans ?

Le bon sens populaire ne se laissera pas prendre à toutes les subtilités, explications et argusties que l'on pourra présenter ; il flétrira comme elle le mérite une prétention aussi intolérable, et M. le Comte de Paris restera à ses yeux ce qu'il est réellement, le chef de la Maison usurpatrice, mais rien de plus !

La vraie Maison de France est morte à cette heure, et vous y avez largement contribué, vous M. le Comte de Paris, ainsi que tous ceux qui vous entourent ! Elle ressuscitera un jour, nous l'espérons bien, mais ce n'est pas de votre sang qu'elle peut surgir, car il n'y a pas dans le monde entier, un rameau de famille Royale qui soit atteint de flétrissures pareilles à celles que nous avons rappelées brièvement.

XII

La Situation

Malgré l'empressement de beaucoup de catholiques royalistes à se compromettre en faveur de M. le Comte de Paris, nous estimons prudent de prévoir qu'il ne montera pas facilement sur le trône de France. Il aura à compter avec les légitimistes purs, le bonapartistes autoritaires, les républicains honnêtes désillusionnés , et avec les légitimistes égarés qui commencent déjà à rebrousser chemin.

Il suffit de parcourir les journaux pour se rendre compte de l'indécision générale et de l'anxiété qui existe au sein du parti conservateur. Chacun comprend la gravité de la situation et se demande comment nous en sortirons. — Ce n'est certainement pas au moyen des bulletins de vote.! Nous croyons fermement, avec Pie IX, que le suffrage universel est un mensonge, et avec les gens qui raisonnent qu'une Monarchie ne peut être fondée sur le vote populaire. Si le peuple a le droit de faire, il a également celui de défaire, et la mobilité excessive de l'opinion chez nous proclame assez clairement que cette prétendue base est la plus détestable de toutes.

La situation serait vraiment désespérante si nous ne comptions sur la Providence qui intervenant à son heure, saura dissiper les préjugés, éclairer les intelligences, et faire accepter la seule solution vraiment compatible avec notre droit national, l'honneur du pays et ses véritables intérêts. Nous avons dans son

action une confiance absolue, parce qu'il nous est impossible de croire que Dieu ait définitivement con-
damné la France à être le domaine de la Révolution.

XIII

Réflexions finales

Nous voulions terminer notre travail par un exa-
men rapide de ce que serait aujourd'hui la France
d'après toute les probabilités humaines, si le Comte
de Chambord avait succédé à Charles X, en 1830.
En regard de cette étude, nous aurions mis la revue
complète des milliards gaspillés, du sang répandu
dans les guerres inutiles et les émeutes, des misères,
des hontes, des ruines, de la démoralisation sociale
et de l'applatissement devant l'étranger, qui ont été
la **conséquence forcée** de ces quatre gouver-
nements : Royauté-citoyenne, République de 1848,
Empire, et République actuelle, tous nés de l'émeute
et de la Révolution.

Mais il faut s'arrêter : Nous souhaitons ardemm-
ment à notre pays de se rendre compte des leçons
qui se dégagent de l'incroyable cascade de gouver-
nements qui s'est produite en France depuis la mort
de Louis XVI.

Si Dieu ne nous a pas définitivement condamnés,
il faut prévoir à bref délai la fin de cet abcès pu-
rulent qu'on nomme la République. Il y a une solution à préparer, une décision à prendre : Dieu
veuille que la France ayant à retrouver son chef,
sache le prendre dans la branche aînée qui pourra

continuer nos glorieuses traditions royalistes et catholiques, et non dans cette branche cadette qui en a été depuis cent ans l'ennemi déclaré ou latent ! Que dirait-on d'un voyageur qui, pressé d'étancher l'ardeur de sa soif, recueillerait l'eau malsaine d'un marais, quand il sait qu'il y a quelque pas plus loin une source d'eau limpide ?

Nous terminerons par cette dernière réflexion : Depuis 1830, nous entendons dire à une foule d'honnêtes gens de toutes conditions, industriels, commerçants, boutiquiers, ouvriers, banquiers, prêtres, religieux, propriétaires, rentiers, etc., etc.

« Nous n'avons que faire de la politique, elle nous
« dégoûte, nous avons autre besogne à accomplir que
« de savoir qui a tort ou raison. Nous ne demandons
« qu'à gagner honnêtément notre vie, et que la
« France soit gouvernée par telle ou telle dynastie,
« qu'elle soit légitimiste, orléaniste, impérialiste ou
« républicaine, cela nous importe peu. Pourquoi nous
« intéresserions-nous à telle ou telle forme de gou-
« vernement, et aux droits de tel ou tel Prince ?

Nous voyons aujourd'hui le beau résultat de cet indifférentisme politique; vous vous êtes désintéressés des droits de vos souverains légitimes, et vous avez accepté très tranquillement qu'ils fussent chassés de leur capitale, ne pouvant pas vous imaginer qu'un jour viendrait où la Révolution pourrait aussi toucher à vos droits et vous chasser de vos demeures. Tout se tient et s'enchaine dans la vie politique d'un peuple, nous en avons aujourd'hui la démonstration éclatante?

Nous vous entendons dire tous les jours :

« Nous sommes écrasés d'impôts, la fortune pu-
« blique est compromise, le Gouvernement nous
« mène à la banqueroute, il gaspille les millions par
« centaines, soit dans des entreprises stupides, soit
« pour déchristianiser la France, l'immoralité coule
« à pleins bords, la religion est odieusement persé-
« cutée, et la honte nous monte au front, quand nous
« songeons à tous ces crochetages de couvents, à ces
« expulsions de religieux, à ces scellés mis sur les
« chapelles, à toute cette guerre faite à l'enseigne-
« ment libre, à ces laïcisations imbéciles dans les
« écoles et les hôpitaux, à ces suppressions d'au-
« môniers, de bourses de séminaires, à ces retenues
« de traitement infligées au clergé, tous nos droits
« sont foulés aux pieds par une bande de cyniques
« gredins, et nous n'avons même pas celui de sous-
« traire nos enfants à l'enseignement impie et obli-
« gatoire ! »

Rien de plus juste que vos doléances, vos cris et vos
imprécations : mais à qui la faute ? Elle est toute entière à l'indifférentisme, à la légèreté, à l'apathie de
tous ces honnêtes gens qui n'ont pas su voir
et comprendre que la brèche faite aux droits de
nos souverains légitimes ouvrirait le passage à la
bande satanique, sous les fouets de laquelle nous
gémissons aujourd'hui.

Tâchons de comprendre que **lorsqu'on sacrifie
les droits des autres on sacrifie les biens
propres.** Ce n'est qu'une question d'horloge